Martin Michalski
Doris Rübel

Zaubergeheimnisse für Kinder

Martin Michalski ☆ Doris Rübel

Zaubergeheimnisse für Kinder

Otto Maier Ravensburg

2 3 95 94

Umschlag und Gestaltung: Doris Rübel
Redaktion: Elke Dannecker
Gesamtherstellung: Proost, Turnhout
Printed in Belgium
ISBN 3-473-37476-8

Inhalt

Tolle Tricks mit kleinen Dingen

Die große Show

URKUNDE

____

(Name)

gehört dem
Zauber-Freundeskreis an
und verpflichtet sich,
die hier erlernten Zauberstücke
nicht zu verraten.

Zaubermeister

Hallo und Simsalabim!

Als euer Lehrer und Zaubermeister heiße ich euch herzlich willkommen im Zauberfreundeskreis. Mit diesem Zauberbuch könnt ihr mit wirkungsvollen Tricks andere überraschen, unterhalten und zum Staunen bringen.
Alle Kunststücke sind einfach und ohne großen Aufwand für jeden von euch durchführbar. Für die Zaubertricks braucht ihr Gegenstände, die in jedem Haushalt vorhanden sind.
Anderes benötigtes Material gibt es für wenig Geld im Spielwaren- oder Schreibwarenhandel oder im Geschäft mit Bastelzubehör zu kaufen. Die beschriebenen Kunststücke erfordern keine besondere Fingerfertigkeit oder langes Üben.

Wichtig ist jedoch, daß alle Zaubergeräte sorgfältig und exakt hergestellt werden, damit die Kunststücke gut gelingen.

In diesem Buch ist alles beschrieben, was zur Durchführung einer gelungenen Zaubervorstellung beachtet werden muß. Es stehen euch zwei Programme zur Verfügung: *Tolle Tricks mit kleinen Dingen* sind Kunststücke, die ohne große Vorbereitung vor einem kleinen Zuschauerkreis am Tisch bei allen möglichen Gelegenheiten vorgeführt werden.

Die große Show ist eine Zusammenstellung von Zauberkunststücken, die vor einem größeren Zuschauerkreis gezeigt werden können, zum Beispiel bei einem Familientreffen oder auch bei einem Schulfest.
Am Schluß dieses Buches erfahrt ihr noch etwas über die Geschichte der Zauberkunst. Hier könnt ihr Interessantes, aber auch Kurioses aus der Geschichte der Magie, so nannte man die Zauberkunst früher, erfahren.
Viel Spaß und gutes Gelingen!

Lustige Zaubersprüche

★ Katzenauge,
Eulenschrei,
was verschwunden,
komm herbei!

★ Zauberstab, Zylinderhut,
Zaubergeister, helft jetzt gut!

★ Abrakadabra!

★ Hokuspokus Fidibus,
dreimal schwarzer Kater!

★ Simsalabim!

★ Schlangenei und Krötendreck,
was hier war, das ist jetzt weg!

★ Die Hexe sich im Kreise dreht,
wer zaubern kann, weiß wie es geht!

★ Lirum-larum-Löffelstiel,
Zaubern ist ja nur
ein Spiel!

★ Hokuspokus Haselnuß,
Vogelbein und Fliegenfuß,
damit der Trick gelingen muß!

★ Hasenfuß und Hühnerei,
Zaubergeister, fliegt herbei!

★ Aus eins mach zwei,
aus zwei mach eins,
so geht das Hexen-
einmaleins!

★

Die 10 Regeln der Zauberkunst

1. Übung macht den Zaubermeister!
Bevor du einen Trick vorführst, muß er intensiv geübt werden, am besten vor einem Spiegel.

2. Die richtige Trickauswahl
Du solltest nur Zaubertricks vorführen, die du perfekt beherrschst.

3. Keine Wiederholung
Einen Trick darfst du nie sofort vor dem gleichen Publikum wiederholen. Ausnahmen bilden nur Tricks, die dafür geeignet sind. Bei einer Wiederholung ist die Gefahr zu groß, daß der Trick entdeckt wird, und die Wirkung eines Zauberkunststückes geht verloren.

4. Die Dauer der Zaubershow
Es ist besser, weniger Tricks vorzuführen, als lange und schlecht zu zaubern. Länger als 15–20 Minuten sollte ein Zauberprogramm nie dauern.

5. Der geeignete Zauberplatz
Der vorbereitete Zaubertisch sollte mindestens 2,5 Meter von den Zuschauern entfernt stehen. Geeignete Plätze sind immer Zimmerecken und Türrahmen. Während der Vorführung darf kein Zuschauer seitlich oder hinter dir stehen.

6. Stets Ruhe bewahren
Führe jeden Zaubertrick mit ruhigen Bewegungen und vorher einstudierten Worten vor. Geht einmal etwas daneben, darfst du dir nichts anmerken lassen. Meistens kannst du den Trick durch Abwandlung noch retten.
Das gewünschte Ergebnis des Zauberkunststückes ist ja nur dir bekannt!

7. Der richtige Vortrag
Zauberkunst soll unterhalten. Deshalb sollte dein Vortrag auch lustig sein. Verwende, wo es geht, Zaubersprüche. Hast du zu den einzelnen Tricks keine passenden Sätze einstudiert, zauberst du am besten mit Musikbegleitung.

8. Zaubergeräte einschließen
Halte deine Zaubergegenstände vor und nach der Zaubervorstellung unter Verschluß, damit niemand die Zaubergegenstände untersuchen kann.

9. Vor der Show
Gehe in Gedanken dein Programm noch einmal durch.
Überprüfe, ob du alle Requisiten für die Show hast und ob sie funktionstüchtig sind.

10. Keinen Trick verraten
Dies ist das oberste Gebot der Zauberkunst. Ein Trick darf niemals, auch nicht dem besten Freund, verraten werden. Wenn das Geheimnis gelüftet wird, ist der Trick für dich für immer verloren.

Das Drum und Dran für gutes Zaubern

Üben
Das Wichtigste sind und bleiben natürlich die Zauberkunststücke. Sicher wirst du eine Weile brauchen, bis du alles einwandfrei beherrschst. Am schnellsten kommst du voran, wenn du dir zunächst je drei Tricks aus den beiden beschriebenen Programmen aussuchst und diese immer wieder vor einem Spiegel übst.

Das Sprechen
Was du während der einzelnen Zaubertricks sprichst, nennt man Vortrag. Es ist nicht einfach, locker und unterhaltend die notwendigen Handhabungen mit passenden Worten zu begleiten, die auch noch amüsant sein sollen.

Denke dir zu jedem Kunststück eine kleine Geschichte aus. Sprich natürlich und nicht zu schnell. Wenn du einen Kassettenrecorder hast, kannst du deine Vorträge speichern und immer wieder abhören.

- ☆ Sage nie vorher, was kommt.
- ☆ Zähle nicht die Requisiten auf, wie zum Beispiel „Hier habe ich ein Tuch." Die Zuschauer sehen es ja.
- ☆ Vermeide Verlegenheitsworte wie „hm", „so", „ja" usw.

Wo zaubern?
Sobald du einige Tricks einwandfrei vorführen kannst, solltest du ihre Wirkung ausprobieren.

- ☆ Zaubere zunächst vor Verwandten und Freunden.
- ☆ Hat es geklappt, kannst du dein Können bei einem Kindergeburtstag oder bei einem Schulfest unter Beweis stellen.

Wie zaubern?
Gutes Zaubern besteht zum großen Teil aus der Ablenkung deiner Zuschauer. Diese sollten ihre Aufmerksamkeit dorthin richten, wo du sie haben willst, damit du im geeigneten Moment etwas anderes tun kannst. Willst du zum Beispiel unbemerkt etwas aus deiner rechten Tasche holen, mußt du die Zuschauer mit der linken Hand ablenken. Alle werden auf deine linke Hand schauen.
Merke: Auch mit deinen Blicken kannst du dein Publikum lenken. Fast alle Zuschauer sehen dorthin, wo auch du hinschaust.
Wichtig: Achte auf gute Körperhaltung und vermeide ständiges Hin- und Herlaufen.

Gut planen
Vor jeder Vorstellung mußt du alles, was du brauchst, sorgfältig kontrollieren. Lege dir einen kleinen Programmzettel auf den Zaubertisch. Gehe in Gedanken noch einmal den ganzen Trickablauf durch.
Sorge für gute Übersicht und sortiere deine Zaubergegenstände in der Reihenfolge deiner Vorführung.
Achte auf eine gute Ablagemöglichkeit für alles, was nicht mehr benötigt wird.

Die Kleidung
Natürlich kannst du in ganz normaler Kleidung zaubern. Aber die Erfahrung zeigt, daß der Zauberer immer etwas auffallender angezogen sein sollte als seine Zuschauer. Während der Faschingszeit gibt es in den Spielwarengeschäften fertige Zauberkleidung, zum Beispiel Zylinderhüte, Umhänge, Handschuhe und vieles mehr zu kaufen. Aber auch mit etwas Phantasie kann man sich lustig als Zauberer verkleiden. Schau dir die Abbildungen in diesem Buch an, und du wirst viele Anregungen finden.

Schminken
Vielleicht bekommst du von deiner Mutter alte Schminksachen oder hast noch Faschingsfarben übrig.
Nicht vergessen: Zum Abschminken brauchst du viel Vaseline und Zellstofftücher.

Tolle Tricks mit kleinen Dingen

In diesem Teil deines Zauberbuches lernst du Zauberkunststücke kennen, die besonders für eine Vorführung am Tisch und vor kleinerem Zuschauerkreis geeignet sind.

In der Sprache der Zauberkünstler nennt man diese Art der Vorführungen auch „Mikro-Magie". Verwendet werden kleinere Gegenstände, die du am besten in einer dafür vorbereiteten Schachtel oder aber in einem kleinen Köfferchen aufbewahren kannst.

Damit solche Darbietungen gut ankommen, mußt du auf folgendes achten:

☆ Alle verwendeten Gegenstände sollten sauber aussehen und dürfen nicht abgegriffen oder schmuddelig sein.

☆ Verwende für die kleinen Zaubereien am Tisch eine sogenannte Mikro-Unterlage. Diese kann aus Filz oder einem Teppichbodenrest zugeschnitten werden. Als Größe wählst du am besten: Länge 35 Zentimeter, Breite 25 Zentimeter. Auf einer solchen weichen Unterlage läßt es sich gut zaubern. Münzen und Karten kann man leicht greifen, und Geräusche werden gedämpft. Für solche Unterlagen sind die Farben Grün oder Dunkelblau besonders geeignet.

Münzenklau

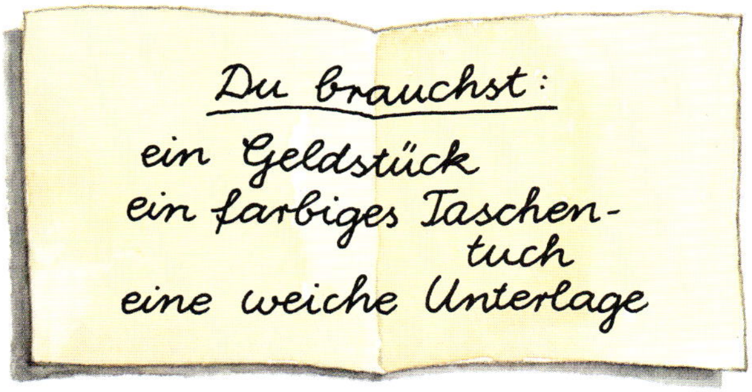

Das Kunststück:
In die Mitte eines auf dem Tisch ausgebreiteten Taschentuches legt ein Zuschauer eine Münze. Der Zauberkünstler schlägt eine Ecke um und verdeckt damit das Geldstück.
Das Taschentuch wird zusammengerollt und anschließend auseinandergezogen. Die Münze ist verschwunden.

Vorbereitung:
Zur Durchführung dieses Tricks benötigst du eine weiche Tischauflage wie sie bei „Tolle Tricks mit kleinen Dingen" beschrieben wurde.
Ein Taschentuch, das nicht durchscheinend sein darf, legst du so auf den Tisch, daß eine Ecke deinem Körper zugewandt ist (1).

Trick:
Auf das Tuch wird eine Münze gelegt. Am besten geeignet ist ein Zweimark- oder Fünfmarkstück, weil sich diese Münzen gut unter dem Tuch greifen lassen.
Die dir zugewandte Ecke des Tuches wird über die gegenüberliegende Ecke hinausgelegt, so daß die Münze selbst verdeckt ist (2).
Dann rollst du das Taschentuch nach vorne zusammen gegen die beiden übereinander gelegten Ecken (3/4).
Den unteren Tuchzipfel nimmst du mit der linken, den oberen mit der rechten Hand und ziehst das Tuch auseinander (5).

Zur Überraschung der Zuschauer ist die Münze verschwunden. Sie liegt verdeckt unter dem Tuch (6). Nutze die Überraschung aus, indem du das Tuch kurz liegenläßt. Dann gehst du mit der rechten Hand und mit gespreizten Fingern auf das Tuch. Dabei wirst du spüren, an welcher Stelle die Münze unter dem Tuch liegt. Ergreife die Münze zusammen mit dem Tuch und hebe beides vom Tisch ab. Schüttele das Tuch aus, aber halte dabei die Münze fest. Lege Tuch und Münze ab. Wenn du vorher in deiner Tasche eine Münze gleichen Wertes verborgen hast, kannst du diese dann von dort erscheinen lassen.

1
2
3
4
5
6

Unglaublich

Das Kunststück:
Deine Zuschauer bekommen vier Zündholzschachteln zum Untersuchen. Anschließend werden die Schachteln nebeneinander auf den Tisch gelegt. Du erklärst, du könntest feststellen, welche Schachtel gedreht wurde, obwohl du während dieses Vorganges nicht im Raum bist. Sobald du das Zimmer verlassen hast, dreht einer der Zuschauer eine oder mehrere Schachteln. Du gehst nach deiner Rückkehr sogleich an den Tisch. Im Abstand von etwa 10 Zentimetern gleitet deine rechte Hand über die Schachteln. Zum größten Erstaunen der Anwesenden bezeichnest du sofort die vom Zuschauer gedrehten Schachteln.
Die Zuschauer werden nun alles untersuchen, aber nichts Verdächtiges entdecken. Dieses Experiment kannst du sofort wiederholen.

Du brauchst:
4 Zündholzschachteln
evtl. buntes Papier, Klebstoff

Vorbereitung:
Besorge dir vier gleiche, möglichst neue Zündholzschachteln. Bei vielen dieser Schachteln sind die Ränder an den Schmalseiten der Schachtelhüllen unterschiedlich breit.
Wenn du willst, kannst du die Schachteln auch bunt bekleben. Natürlich mußt du dann auf einen verschieden großen Rand an den Schachteln achten.

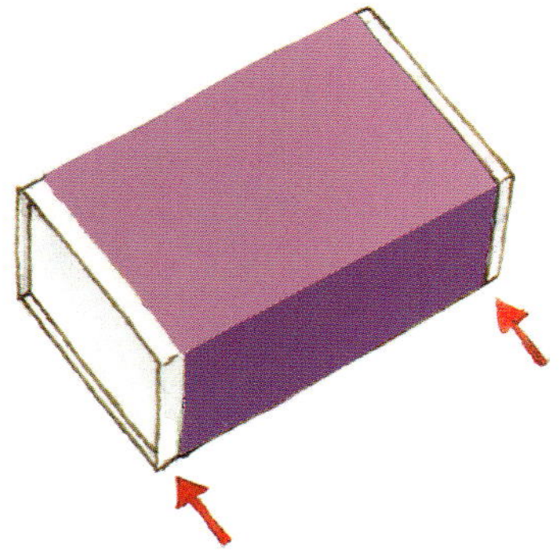

Trick:
Die vier Schachteln legst du, wie die Abbildung es zeigt, mit der Rückseite nach oben nebeneinander auf den Tisch oder auf ein Tablett. Achte darauf, daß beim ersten Auslegen der Schachteln jeweils die Seiten mit dem breiten Rand nebeneinander liegen. Nun kannst du den Raum verlassen oder aber dich nur umdrehen.
Haben die Zuschauer eine oder mehrere Schachteln gedreht, kannst du diese sofort erkennen und benennen. Du siehst es an der Lage der Schachtelränder.
Damit alles ganz geheimnisvoll wirkt, mußt du natürlich deine Vorführung spannend gestalten. Willst du den Trick wiederholen, ist es am besten, wenn du die Zündholzschachteln mehrfach durcheinanderlegst, wobei aber darauf zu achten ist, daß die Randmarkierungen wieder in einer Ausgangslage sind.
Du kannst für diesen Trick auch Holzklötzchen verwenden, die du vorher mit Dekofolie beklebt hast.

Das Nadelwunder

Das Kunststück:
Mit zwei Sicherheitsnadeln führst du ein wirkungsvolles Kunststück vor, bei dem wie durch ein Wunder scheinbar Stahl durch Stahl dringt.
Zuerst läßt du die beiden Nadeln untersuchen. Dann verkettest du die beiden Sicherheitsnadeln und trennst diese sofort, ohne daß auch nur eine geöffnet wurde. Sichtbar durchdringt eine Nadel die andere.

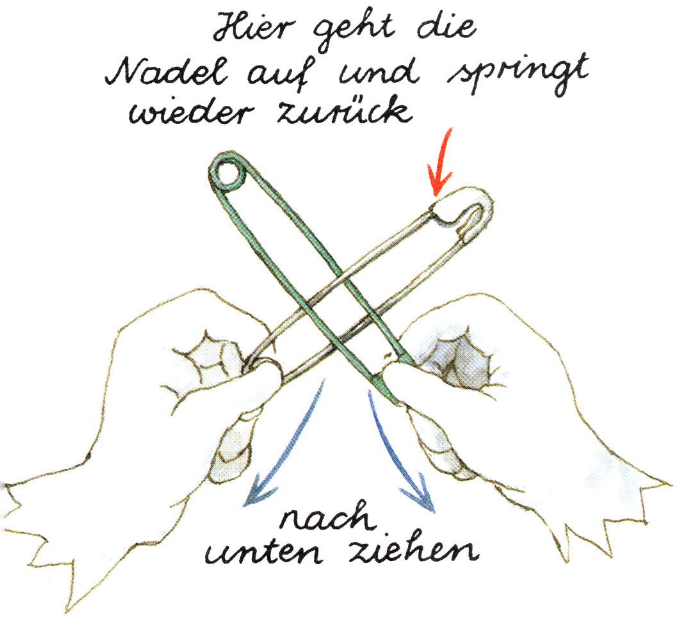

Vorbereitung:
Für diesen Trick ist keine Vorbereitung nötig, aber dafür viel Übung!

Trick:
Das Geheimnis liegt in der Verkettung. Die Abbildung zeigt dir genau, wie die Nadeln verkettet sind und gehalten werden.
Der Riegel der linken Nadel öffnet die Verkettung und schließt wieder.
Die offene Seite des Verschlusses ist oben. Ziehe mit einem Ruck beide Hände auseinander, und die Nadeln sind getrennt, ohne daß ihre Verschlüsse offen sind. Keinem deiner Zuschauer wird dieser Trick gelingen, wenn er nicht die einzig richtige Ausgangsstellung kennt! Die Pfeile in der Abbildung zeigen dir die Zugrichtung für das Entketten.

Springender Joker

Das Kunststück:
Du zeigst deinen Zuschauern fünf Karten. Diese sind staffelartig miteinander verbunden. Es handelt sich um vier Zahlenkarten und einen in der Mitte liegenden Joker. Die Karten werden gedreht. Nun zeigen die Rückseiten nach vorne. Gib einem Zuschauer eine Wäscheklammer und bitte ihn, den zwischen den Zahlen liegenden Joker mit der Klammer zu markieren.
Er wird mit Sicherheit nicht den Joker finden. Drehe die Karten wieder um: Die Klammer sitzt neben dem Joker.

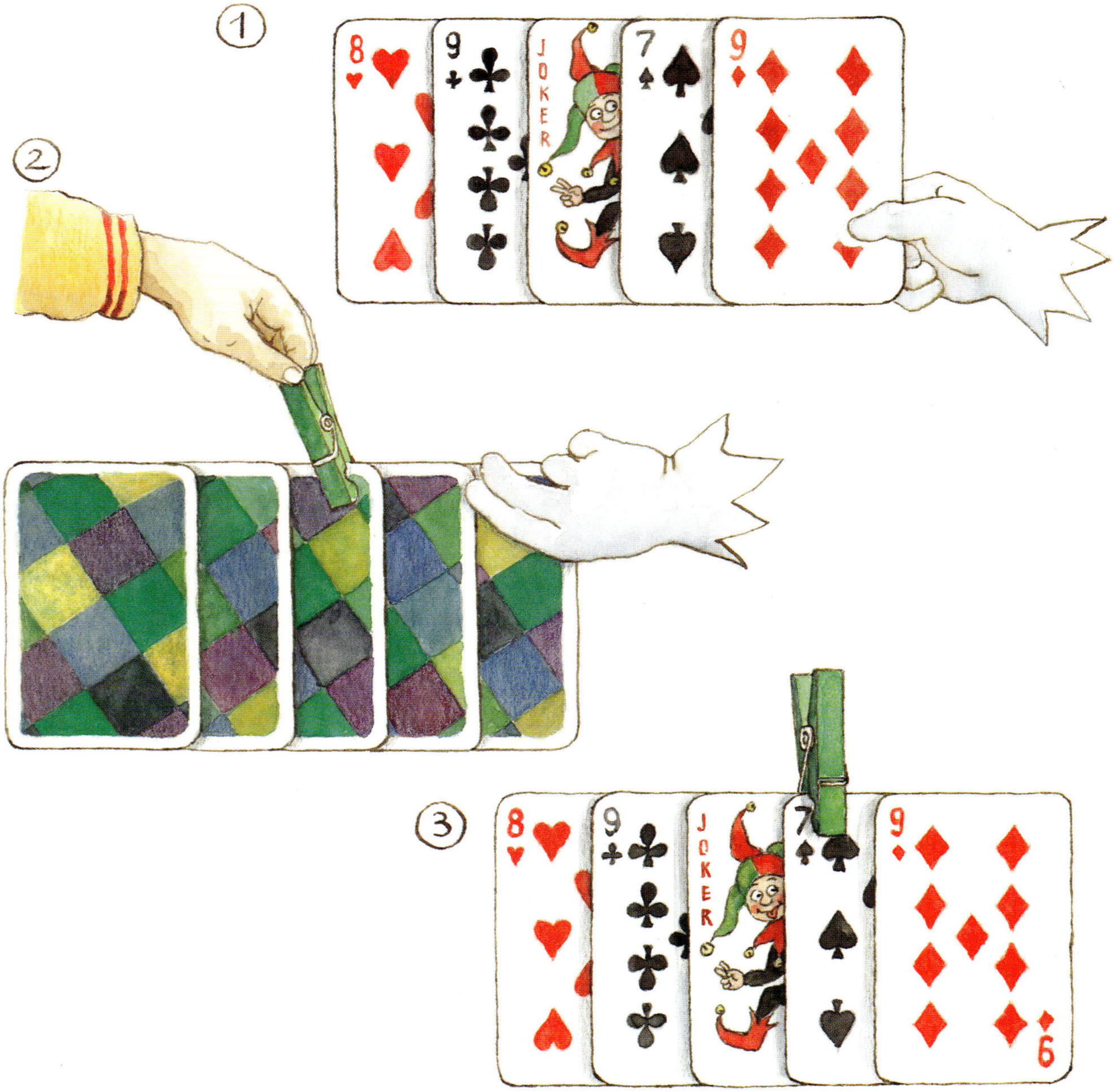

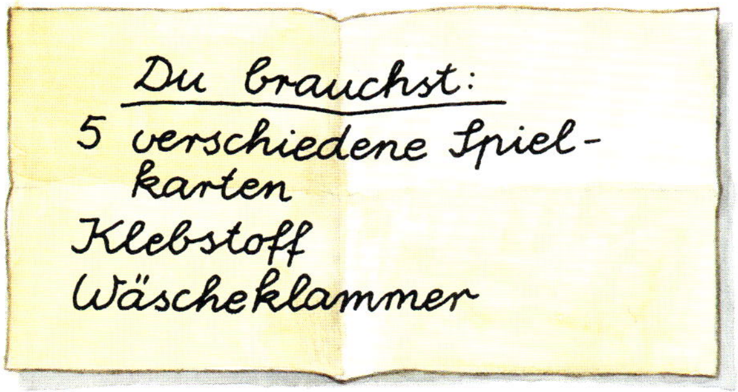

Vorbereitung:
Zunächst klebst du fünf Karten gestaffelt übereinander. Die aufeinandergeklebten Karten decken immer genau die Hälfte der darunter befindlichen Karten ab. Schau dir genau die Abbildung 1 an. Der Joker muß in der Mitte sein.

Trick:
Dieses kleine Kunststück ist sehr unterhaltsam und funktioniert praktisch von allein. Durch die Staffelung tritt an den Rückseiten der Karten eine Verschiebung auf. Probiere es gleich aus. Da auf der Bildseite der Joker in der Mitte zu sehen ist, vermutet der Zuschauer, daß dies auch für die Rückseiten gilt. Deshalb wird er die Klammer auf die mittlere Karte klemmen. Dreht man die Karten wieder um, sieht man, daß die Wäscheklammer neben dem Joker sitzt (Abbildungen 2 und 3).

Geheimnisvolles Kartenraten

Das Kunststück:
Die Karten werden von den Zuschauern beliebig gemischt. Sobald du das Kartenspiel übernommen hast, kannst du jeweils die vordere Karte des Spieles nennen, ohne diese selbst gesehen zu haben. Immer nach dem Umlegen der vorderen Karte benennst du auch schon die nächste.

Du brauchst:
Kartenspiel

Vorbereitung:
Dieser unterhaltsame Kartentrick braucht keine Vorbereitung.

Trick:
Die Vorführung ist einfach. Du nimmst das Päckchen und bringst es mit der rechten Hand hinter deinen Rücken. Dabei hebst du die Hälfte des Spieles ab (1) und drehst es so, daß Rückseite auf Rückseite liegt (2). Das Päckchen hat jetzt auf beiden Seiten Kartenbilder. Das Päckchen wird vorgezeigt und die erste Karte von den Zuschauern genannt. Während dies geschieht, merkst du dir die dir zugewandte Karte (3).
Nimm das Päckchen wieder hinter den Rücken und wende die eben gemerkte Karte nach vorn (4). Zeige erneut die Karten vor und benenne die den Zuschauern zugekehrte Karte (5/6).
Das kannst du mehrere Male wiederholen. Es genügen etwa 8–10 Kartenumkehrungen.

Meine Zauberkarten

Das Kunststück:
Erkläre deinen Zuschauern, daß du hellsehen kannst und dies gleich beweisen wirst. Du legst acht Karten auf dem Tisch aus und bittest einen Zuschauer, sich eine Karte zu merken. Danach ergreifst du alle Karten und legst sie aufeinander, so daß die Rückseiten nach oben zeigen. Dann werden die Karten gemischt und wieder ausgelegt. Nach noch zweimaliger Wiederholung kannst du, zur Überraschung aller, die gedachte Karte nennen und aufzeigen.

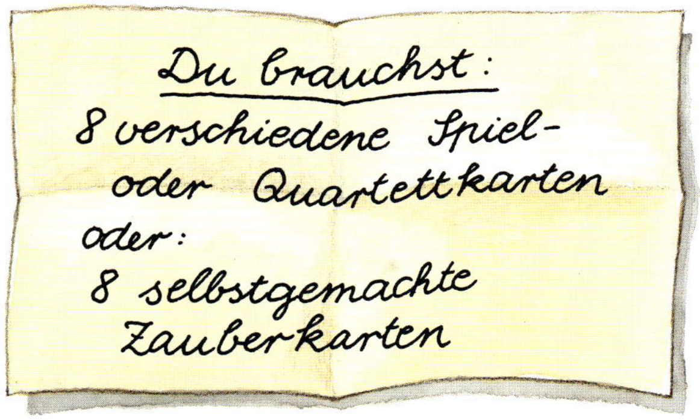

Vorbereitung:
Wenn du acht verschiedene Karten hast, ist weiter keine Vorbereitung nötig.

Wenn du kein normales Kartenspiel benutzen willst, kannst du deine Zauberkarten auch selber machen. Schneide aus festem Karton acht Karten aus und beklebe oder bemale die Vorderseiten unterschiedlich. Die Rückseiten müssen allerdings exakt gleich aussehen. Du kannst aber auch die Zauberkarten im Buch farbkopieren und auf Karton kleben und ausschneiden.

Trick:

1. Zeige die Karten einem deiner Zuschauer und bitte ihn, sich eine der Karten zu merken. Danach werden die Karten gemischt.
2. Nun legst du die Karten – mit der Rückseite nach oben – in zwei Päckchen aus. Immer eine Karte links und eine Karte rechts. So wie es die rechte Abbildung zeigt (1).
3. Lasse deinen Mitspieler eines der Päckchen wählen. Dieses Päckchen ergreifst du.
4. Fächere die Karten so auf, daß nicht du, sondern nur der Mitspieler die Bilder sieht. Frage ihn, in welchem Päckchen sich seine Karte befindet (2).
5. Das Päckchen, in welchem sich die gedachte Karte befindet, wird **auf** das andere Päckchen gelegt (3).
6. Die Schritte 2.–5. wiederholst du noch zweimal in genau gleicher Weise.
7. Anschließend legst du alle Karten nebeneinander von links nach rechts aus, wie es die rechte Abbildung zeigt (4).
8. Mache es etwas spannend und langsam, wenn du die dritte Karte von links umdrehst. Simsalabim – alle Zuschauer sind verblüfft. Genau diese Karte hatte sich dein Mitspieler zu Beginn ausgesucht.

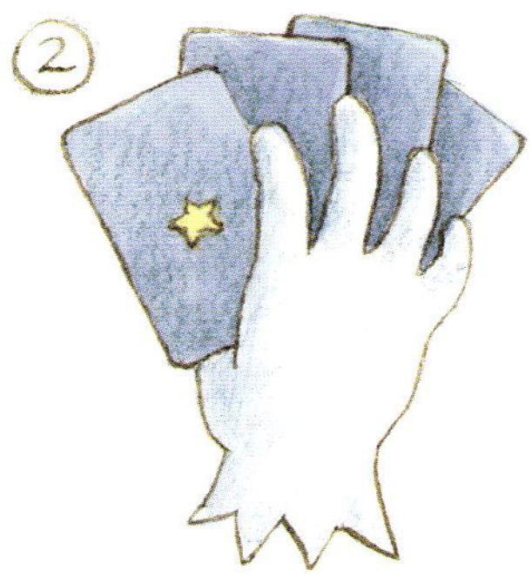

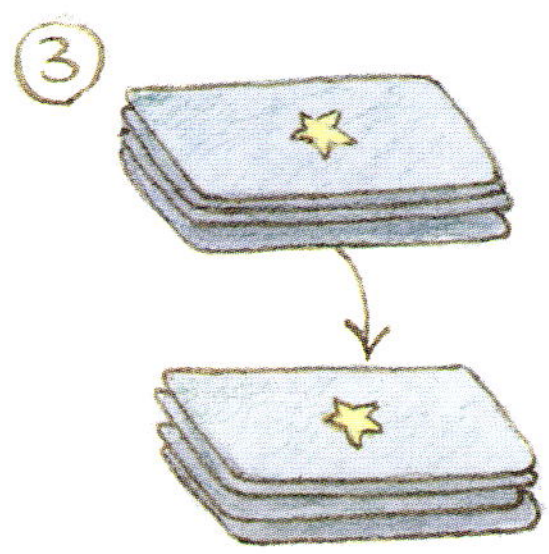

Verrückte Spielkarten

Das Kunststück:
Aus einem Kartenspiel sortierst du zunächst alle Bildkarten heraus.
Es bleiben 16 Karten übrig. Es handelt sich jeweils um die Zahlenkarten 7–10 aller vier Kartenarten. Diese Karten legst du ohne Rücksicht auf ihre Farben Schwarz oder Rot nach der normalen Zahlreihenfolge, also 7, 8, 9, 10, aus. Jetzt erklärst du deinen Zuschauern, daß alle Zahlenkarten durch eine magische Kraft verbunden sind, auch wenn sie zwangsweise getrennt werden. Nun schiebst du die ausgelegten Reihen zusammen, so daß vier Päckchen entstehen. Diese werden gewendet, und die Rückseiten der Karten liegen oben. Alle vier Päckchen werden zusammengelegt und mehrere Male abgehoben. Von dem so gemischten Kartenpäckchen zählst du wieder vier Päckchen aus. Sobald diese umgedreht werden, zeigt es sich, daß die einzelnen Blätter nach ihren Zahlenwerten sortiert beisammen sind. Also alle 7er, 8er, 9er und 10er.

Du brauchst:
Kartenspiel
(Skatblatt, 32 Blatt)

Vorbereitung:
Wie beschrieben, werden sämtliche Bilder (Buben, Damen, Könige, Asse) entfernt und auf die Seite gelegt.

Trick:
Die verbleibenden 16 Karten werden ohne Rücksicht auf Farbe und Zeichen nur nach ihrer Zahlenreihenfolge ausgelegt (1).
Schiebe die vier Zahlenreihen einzeln zu Häufchen zusammen und drehe diese um, daß die Rückseite nach oben zeigt (2).
Jetzt legst du alle vier Päckchen zusammen, und zwar von links nach rechts. Das linke Päckchen kommt auf das zweite. Das zweite wird aufgenommen und auf das nächste gelegt. Dieses nun wieder auf das letzte, rechts liegende Päckchen.

Das so entstandene Kartenpaket kannst du von einem Zuschauer beliebig oft abheben lassen. Abheben darf man aber immer nur einmal von einem Päckchen zum anderen.

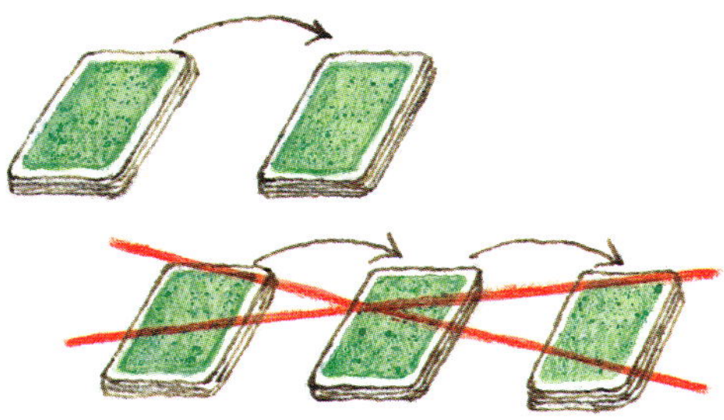

Schließlich legst du die Karten von links nach rechts der Reihe nach, mit der Rückseite nach oben, in vier Päckchen aus.

1. Karte wird das 1. Päckchen
2. Karte wird das 2. Päckchen
3. Karte wird das 3. Päckchen
4. Karte wird das 4. Päckchen
5. Karte wird das 1. Päckchen
6. Karte wird das 2. Päckchen

und so weiter.

Auf diese Weise kommen alle Karten nach ihrem Wert geordnet zusammen, ohne Rücksicht auf Zeichen und Farbe. Drehe die Päckchen um, und alle werden staunen. Die Karten liegen dann, wie es die dritte Abbildung zeigt. Ob nun die linke Reihe mit 7, 8 oder 9 beginnt, spielt keine Rolle. Auf jeden Fall sind alle Zahlenwerte beieinander.

③

Röntgenblick

Das Kunststück:
Das ist ein besonders wirkungsvoller Zaubertrick. Du zeigst zwei schwarze und eine rote Kartonscheibe vor. Ein Mitspieler wird gebeten, die Scheiben mit den Bechern zu bedecken.
Während dies geschieht, drehst du dich um.
Ein Mitspieler kann jetzt die Reihenfolge der Becher durch Verschieben verändern. Du siehst auf die Becher und kannst sofort sagen, unter welchem sich die rote Scheibe befindet.

Du brauchst:
3 gleiche Becher (z.B. Eierbecher)
roten und schwarzen Karton
Klebstoff, 2 Haare

Vorbereitung:
Schneide aus farbigem Karton vier schwarze und zwei rote Scheiben aus. Sie dürfen nur so groß sein, daß sie unter die Becher passen. Bevor du immer zwei der Kartonscheiben zusammenklebst, legst du zwischen die schwarzen Scheiben je ein Haar. Diese müssen so lang sein, daß sie unter den darübergestülpten Bechern noch ein wenig hervorschauen.

Trick:
Du mußt also nur darauf achten, unter welchen Bechern die Haare zu sehen sind, um zu wissen, wo die rote Scheibe liegt.

Die große Show

Für eine Show müssen optisch besonders wirksame Zauberkunststücke eingesetzt werden. Im Gegensatz zur Mikro-Magie kommen größere Zaubergegenstände zum Einsatz. In der Fachsprache nennt man das Zaubern vor einer größeren Personengruppe „Allgemeine Magie", aber auch „Party-Zauber". Die verwendeten Geräte heißen Requisiten. Die folgenden Kunststücke sind für eine Show besonders geeignet.

Lies noch einmal die Regeln der Zauberkunst nach. Vor allem mußt du deinen Zauberplatz sorgfältig auswählen. Wichtig ist auch ein geeigneter Zaubertisch. Ein Servierwagen läßt sich in einen solchen verwandeln. Lege einfach eine Decke darüber und ordne entsprechend deinem Programm die Requisiten an. Du kannst das Material aber auch in einem Koffer bereitstellen. Diesen stellst du auf einen Schemel, öffnest den Deckel – und los geht's mit Abrakadabra! Du kannst den Koffer mit Zaubersymbolen und deinem Künstlernamen bekleben.

Achte nach jedem Trick darauf, daß du die nicht mehr benötigten Requisiten ablegen kannst. Damit sind die Gegenstände allzu neugierigen Blicken deiner Zuschauer entzogen. Eine größere Schachtel oder ein umkleideter Papierkorb können gute Dienste leisten.

Der Zauberstab

Das Kunststück:
Mit diesem Trick kannst du deine große Show eröffnen. Du zeigst einen schwarzen Zauberstab vor und sagst dabei das nebenstehende Zaubergedicht auf. Klopfe mit dem Stab gegen Holz, damit alle hören, daß der Zauberstab massiv ist. Dann wickelst du den Stab in eine Serviette. Hokuspokus – die Serviette wird zerrissen, und der Stab ist verschwunden.
Passend zum Gedicht holst du dann aus deiner Tasche einen blauen Zauberstab, welcher von den Zuschauern untersucht werden kann.

Vorbereitung:
Für diesen Trick sind ein paar Bastelarbeiten notwendig. Zuerst besorgst du dir einen glatten, möglichst geraden Holzstab und sägst davon zwei Holzklötzchen von je zwei Zentimetern Länge ab. Danach malst du ihn blau an (1). Die Enden beklebst du mit weißem Papier (2). Passend zum Holzstab benötigst du noch eine Zauberstabattrappe aus schwarzem Karton. Dafür rollst du einen Bogen dünnen Karton um den Holzstab und klebst ihn fest (3). Dann ziehst du den Holzstab aus der Hülle heraus. In die beiden Enden der Hülle klebst du die Holzklötzchen (4). Dann beklebst du die Enden der Hülle mit weißem Papier (5). Mit dem so vorbereiteten Stab schlägst du bei der Vorführung leicht gegen den Tisch, und alle glauben dann, der Stab sei massiv.

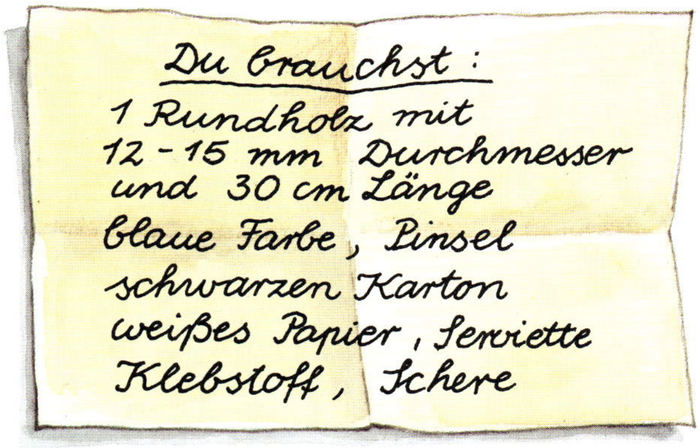

Trick:
Stecke den massiven blauen Holzstab in eine deiner Taschen. Nach dem Einwickeln des Karton-Zauberstabes in die Serviette wird diese mit der darin befindlichen Stabattrappe zerrissen, und der Stab ist verschwunden. Lege die zerrissenen Teile so ab, daß sie niemand untersuchen kann. Passend zum Text des Gedichtes läßt du dann den blauen massiven Stab erscheinen. Wenn du willst, kannst du mit dem Holz-Zauberstab gleich noch einen Trick vorführen. Dein Zauberstab, zwischen Daumen und Zeigefinger gehalten, scheint plötzlich biegsam zu sein. Faß den Stab mit Daumen und Zeigefinger im ersten Drittel seiner Länge. Bewege nun den Stab mit der Hand wippend auf und ab. Für die Zuschauer entsteht dabei der Eindruck, der Zauberstab würde sich verbiegen, als wäre er aus Gummi. Dazu sprichst du den nebenstehenden Vers. Um das Tempo der Handbewegung richtig auszuführen, solltest du dieses Zauberkunststück gut vor dem Spiegel einüben.

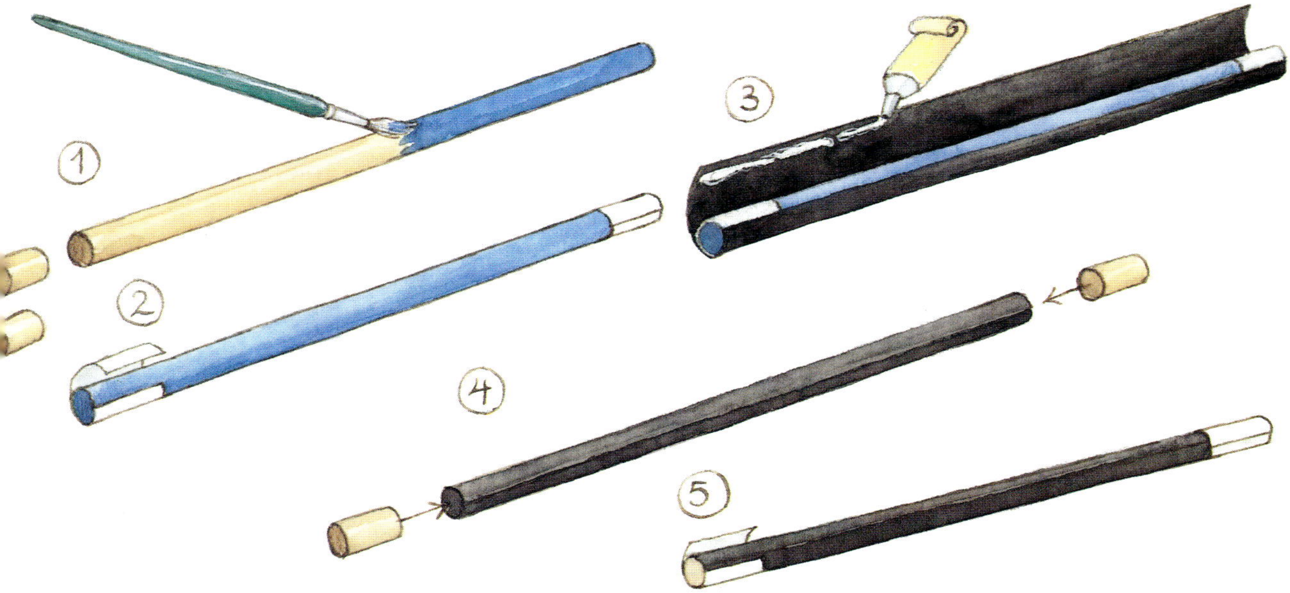

Hier ist mein schwarzer Zauberstab,
er schlägt gern Kapriolen.
Ich pack ihn in Papier jetzt ein,
mit Hokuspokus wird er
gleich verschwunden sein.

Doch ohne Stab zu zaubern
ist recht schwer,
drum hol ich ihn
gleich wieder her,
denn das ist
meine Masche.
Jetzt ist er blau
und steckt
in meiner Tasche!

Auf Kommando
kann den Stab auch
weich ich machen.
Ihr könnt es sehen,
es ist zum Lachen.
Doch dies ist alles
nur ein Schein:
Ein Stab aus Holz
kann nicht
elastisch sein!

Tinte wird Wasser

Das Kunststück:
Du zeigst deinen Zuschauern ein mit Tinte gefülltes Glas. Dann tauchst du einen weißen Holzspatel in die Tinte. Nach dem Herausziehen sieht man deutlich, daß der Spatel jetzt blau ist. Du wischst ihn mit einer bereitliegenden Serviette ab.
Nachdem du ein Tuch über das Glas gedeckt hast, sprichst du eine Zauberformel. Sobald du das Tuch entfernt hast, hat sich die Tinte auf geheimnisvolle Weise in Wasser verwandelt.

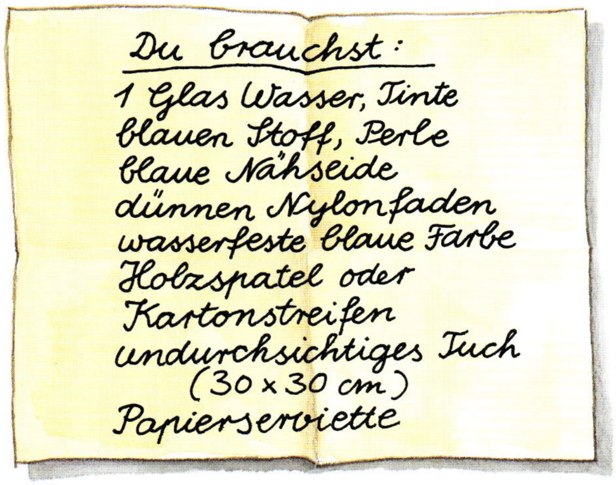

Vorbereitung:
Nähe aus blauem Stoff einen Zylinder, der genau in das Innere eines durchsichtigen Glases paßt (1).
Die Höhe wählst du so, daß der Stoffzylinder vom Boden des Glases bis etwa 2 Zentimeter unter die Oberkante reicht. An dem oberen Rand des Stoffes befestigst du einen Perlonfaden, an dessen Ende eine Perle geknüpft ist. Faden und Perle müssen am Glas außen hängen, aber so, daß es niemand sieht.

Trick:
Fülle das Glas bis an den Rand des blauen Stoffes mit Wasser. Den Stoff mußt du gut gegen die Wand des Glases drücken. Für die Zuschauer entsteht der Eindruck, daß das Glas mit Tinte gefüllt ist (2).
Weiter brauchst du noch einen Holzspatel oder einen weißen Kartonstreifen, etwa 2 Zentimeter breit und 15 Zentimeter lang. Eine Seite davon wird mit wasserfester blauer Farbe eingefärbt, aber nur so weit, wie der Stoffzylinder im Glas reicht. In der Papierserviette verwischst du etwas Tinte (3).
Lege die Serviette mit der weißen Seite nach oben auf das Tablett zum Glas und dem Holzspatel.
Nimm das Glas und tauche den Spatel so in das Wasser, daß die farbige Seite zu dir zeigt (4).
Rühre das Wasser um und drehe dabei den Holzspatel. Ziehe ihn mit der farbigen Seite, den Zuschauern zugekehrt, heraus (5).
Stelle das Glas zurück und wische den Spatel in der Serviette ab (6).
Lasse dabei die Tintenflecken in der Serviette beim Ablegen sehen.
Abschließend legst du ein Tuch über das Glas. Nach einem Zauberspruch wird das Tuch hochgehoben, und gleichzeitig ziehst du mit Hilfe der Perle den blauen Stoff mit nach oben (7).
Die Tinte ist verschwunden, und es ist nur noch Wasser im Glas (8).

Die Zaubertüte

Das Kunststück:
Der Zauberer zeigt einen leeren Bogen Papier von beiden Seiten vor. Er formt eine Tüte und füllt mehrere Gegenstände ein. Nach einem Zauberspruch wird die Tüte entrollt, und die Gegenstände sind verschwunden.

Du brauchst:
Bögen farbiges Papier oder Bögen Zeitungspapier
mehrere Gegenstände wie z.B. Karten, Ringe, Münzen, Tücher
Stift, evtl. Buntstifte
Klebstoff

Vorbereitung:
Du nimmst den Zeitungsbogen und bestreichst ihn an den gestrichelten Linien mit Klebstoff (1). Dann klebst du den zweiten Bogen auf (2).

Trick:
Zeige den Bogen von beiden Seiten leer vor und forme eine Tüte. Die Ecke mit dem blauen Punkt wird zuerst eingerollt, damit die doppelte Tasche der Tüte nach oben kommt (3). Dann knickst du die mit einem Kreis markierte Ecke unauffällig nach innen (4). Alles was du verschwinden lassen willst, kommt in die so entstandene Doppeltasche (5). Wenn du die Tüte entfaltest, mußt du die Ecke wieder zurückklappen und die Zeitung an der offenen Doppelecke halten (6). Die Gegenstände liegen nun verdeckt zwischen den beiden Bogen. Wenn du alles wieder erscheinen lassen willst, formst du erneut eine Tüte. Schlage die innere Ecke wieder um und hole die Gegenstände aus der Geheimtasche heraus. Du kannst den Tütenbogen bunt bekleben oder bemalen. Mit diesem Zauberhilfsmittel kannst du auch Tücher in eine andere Farbe verwandeln und noch viele andere Tricks vorführen.

1
2
3
4
5
6

Verzauberte Farbscheiben

Das Kunststück:
Mehrere farbige Scheiben, die in der Mitte gelocht sind, sowie eine Scheibe mit Durchbrüchen und ein Seidenband können von den Zuschauern untersucht werden. Anschließend befestigst du die Scheibe mit den Durchbrüchen mit einer Schlaufe auf dem Band. Dann werden über beide Bandenden die übrigen Scheiben aufgezogen und die beiden Bandenden verknüpft. Es erscheint ausgeschlossen, die Scheiben zu lösen, ohne den Knoten aufzumachen oder das Band durchzuschneiden. Das Band mit den aufgezogenen Scheiben bekommt ein Zuschauer zum Halten. Du deckst ein Tuch über das Ganze, und – Hokuspokus – schon fallen die Scheiben auf den Boden, ohne daß das Band losgelassen oder beschädigt wurde.

Vorbereitung:
Damit die Bierdeckel dekorativ aussehen, beklebst du sie mit farbigem Papier. Ein Deckel bekommt zwei Durchbrüche, wie es auf der Abbildung zu sehen ist. In die übrigen Scheiben wird in der Mitte ein Loch von etwa 3–4 Millimeter Durchmesser gemacht. Sieh dir die Zeichnungen genau an, dann wirst du erkennen, wie die Scheibe mit den Durchbrüchen mit einer Schlaufe auf dem Band befestigt wird. Probiere es gleich aus!

Der Trick:
Um die Scheiben vom Band zu befreien, mußt du zunächst die untere Scheibe entfernen. Dies geht so: Die mit einem „X“ bezeichnete Stelle des Bandes wird ein wenig nach oben gezogen. Die so entstandene Schlaufe mußt du so weit ziehen, daß sie ein kleines Stück hinten über den oberen Scheibenrand hinausragt. Dann ziehst du die Schlaufe breit auseinander und von hinten nach vorn über die Scheibe. Die Scheibe wird also ganz durch die Schlaufe hindurchgeschoben und vom Band befreit. Jetzt kannst du die anderen aufgezogenen Scheiben einfach nach unten abstreifen.
Die Befreiung der Scheiben muß natürlich unter dem Schutz eines Tuches stattfinden.

Du brauchst:
- 6 Bierdeckel oder Pappscheiben
- ein starkes Seidenband oder Schnur (1,2 m lang)
- buntes Papier
- Klebstoff, Schere

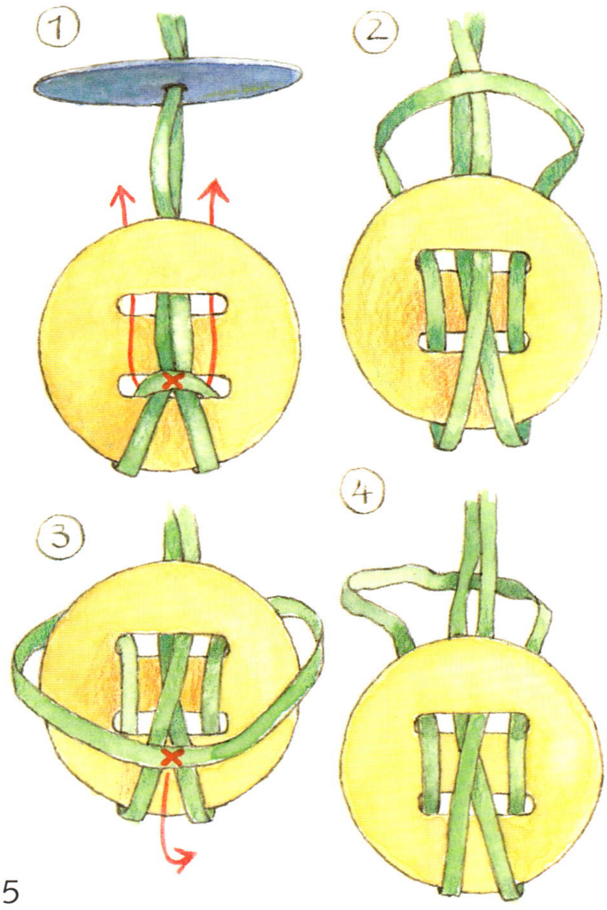

Simsalos Bananentrick

Das Kunststück:
Mit geheimnisvoller Stimme erklärst du deinen Zuschauern, du wärst im Besitz eines Zauberdolches. Der frühere Besitzer, ein bekannter Zauberer mit Namen Simsalo, hätte damit immer über große Entfernungen hinweg operiert und geschnitten. Zeige den farbigen Krummdolch. Dann nimmst du einen Teller oder ein Tablett, auf dem eine Banane liegt. Ein Zuschauer bekommt beides zum Halten.
Aus einer Entfernung von einem Meter führst du nun schneidende Bewegungen aus und sprichst einen Zauberspruch.
Du bittest einen Zuschauer, die Banane zu schälen. Alle werden staunen, denn unter der Schale ist die Banane in viele Scheiben zerfallen.

Du brauchst:
Karton, Klebstoff
Buntpapier, Alufolie
Schere
Nähnadel, Faden
Banane
Teller oder Tablett

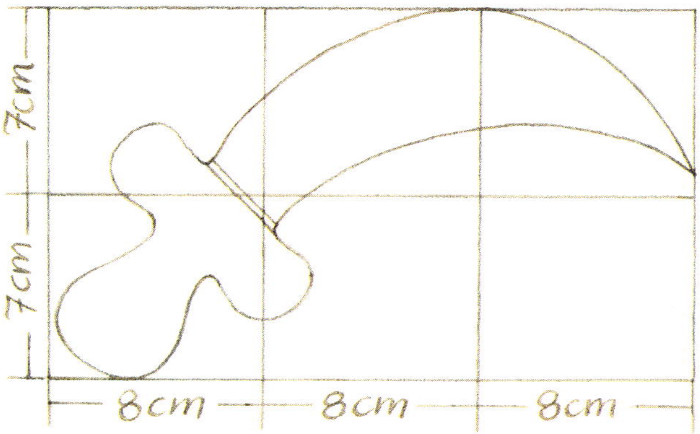

Vorbereitung:
Zuerst mußt du einen Zauberdolch anfertigen. Übertrage die Zeichnung auf Karton, das Raster hilft dir beim Vergrößern, und schneide den Dolch aus. Dann wird die Klinge mit Alufolie beklebt und der Griff bunt angemalt oder mit buntem Papier beklebt. Für die Vorbereitung der Banane benötigst du einen etwa 40 Zentimeter langen, reißfesten Faden und eine Nähnadel.

☆ Stecke die Nadel mit dem Faden flach unter der Schale durch (1).
☆ Ziehe die Nadel heraus und lasse den Faden unter der Schale.
☆ Stich am Fadenausgang erneut ein und unter dem nächsten Streifen der Schale hindurch (2).
☆ So führst du Nadel und Faden rings um die Banane herum (3).
☆ Hast du den Faden einmal herumgeführt, ziehst du die Fadenenden kräftig an. So wird die Frucht zerteilt, ohne daß man es von außen sieht.
☆ Zerlege in der beschriebenen Art die Banane in mehrere Stücke (4).

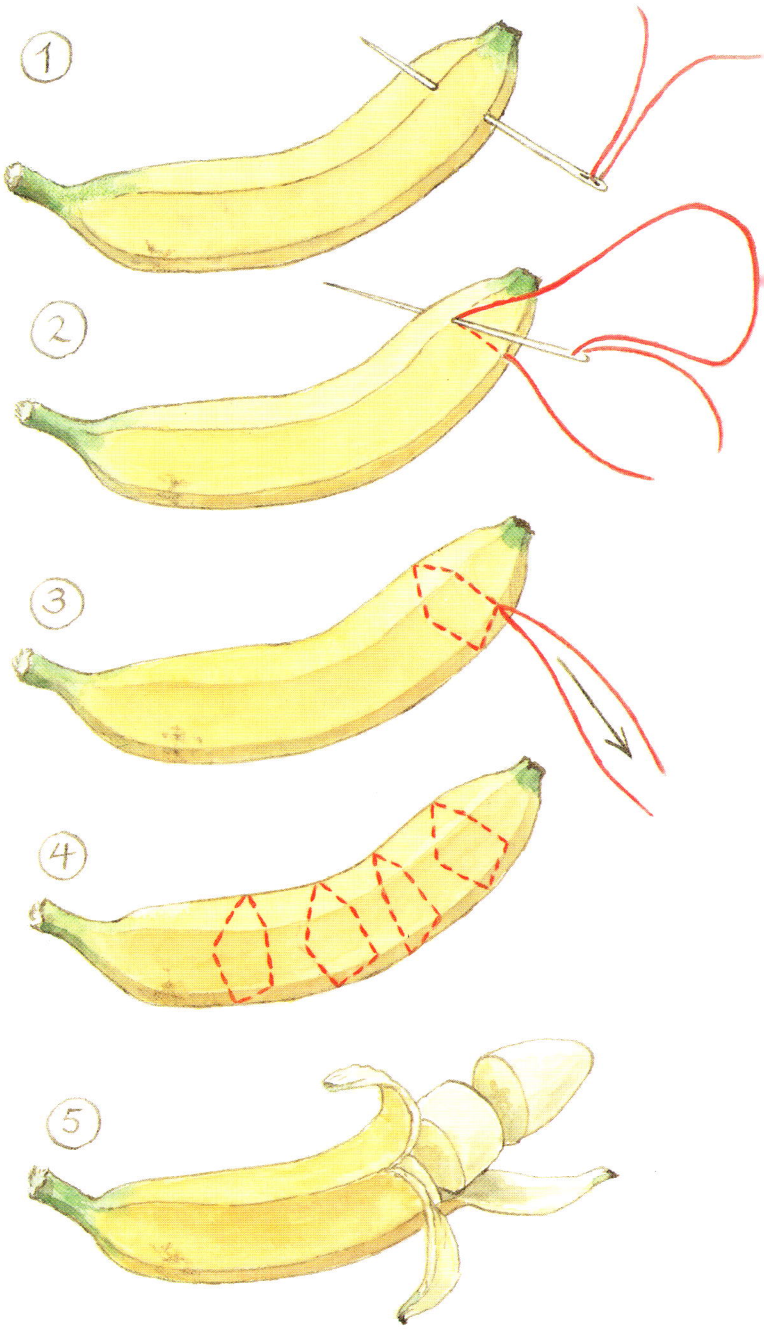

Trick:
Die Vorführung findet wie unter „Das Kunststück“ beschrieben statt. Du solltest natürlich den Ablauf etwas spannend gestalten.

Verhexter Luftballon

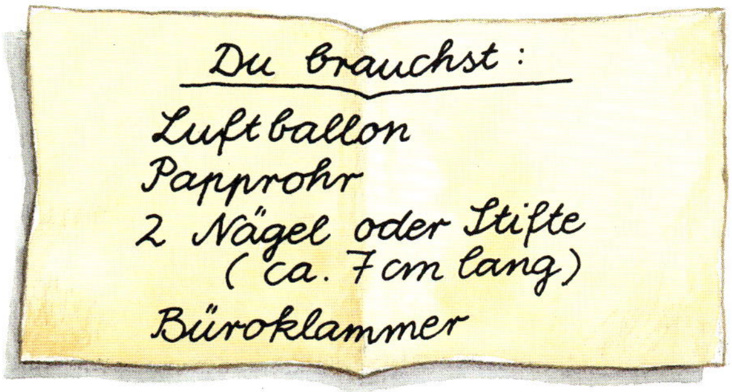

Das Kunststück:
Deine Zuschauer bekommen das Rohr und die beiden Nägel zum Untersuchen. Nachdem dies geschehen ist, steckst du einen Luftballon durch das Rohr. Der Ballon wird aufgeblasen, so daß an beiden Rohrenden eine Ballonblase entsteht. Das Mundstück des Ballons wird abgeklemmt, damit die Luft nicht entweichen kann. Du erklärst dabei, daß der Ballon eigentlich platzen müßte, wenn du nun die zwei Nägel durch das Rohr und den Ballon stößt. Natürlich platzt er nicht, weil du mit einem Zauberspruch vorher den Ballon verhext hast! Sobald die Nägel wieder entfernt sind, können Rohr und Ballon untersucht werden.

Vorbereitung:
Besorge dir ein Papprohr, das ungefähr die Maße hat, wie in der Abbildung 1 angegeben. Zur Mitte hin mußt du zwei gegeneinander versetzte Löcher von etwa 4 Millimeter Durchmesser anbringen. Bemale oder beklebe das so vorbereitete Rohr am besten schwarz. Nun benötigst du noch zwei Nägel, Holz- oder Plastikstifte.

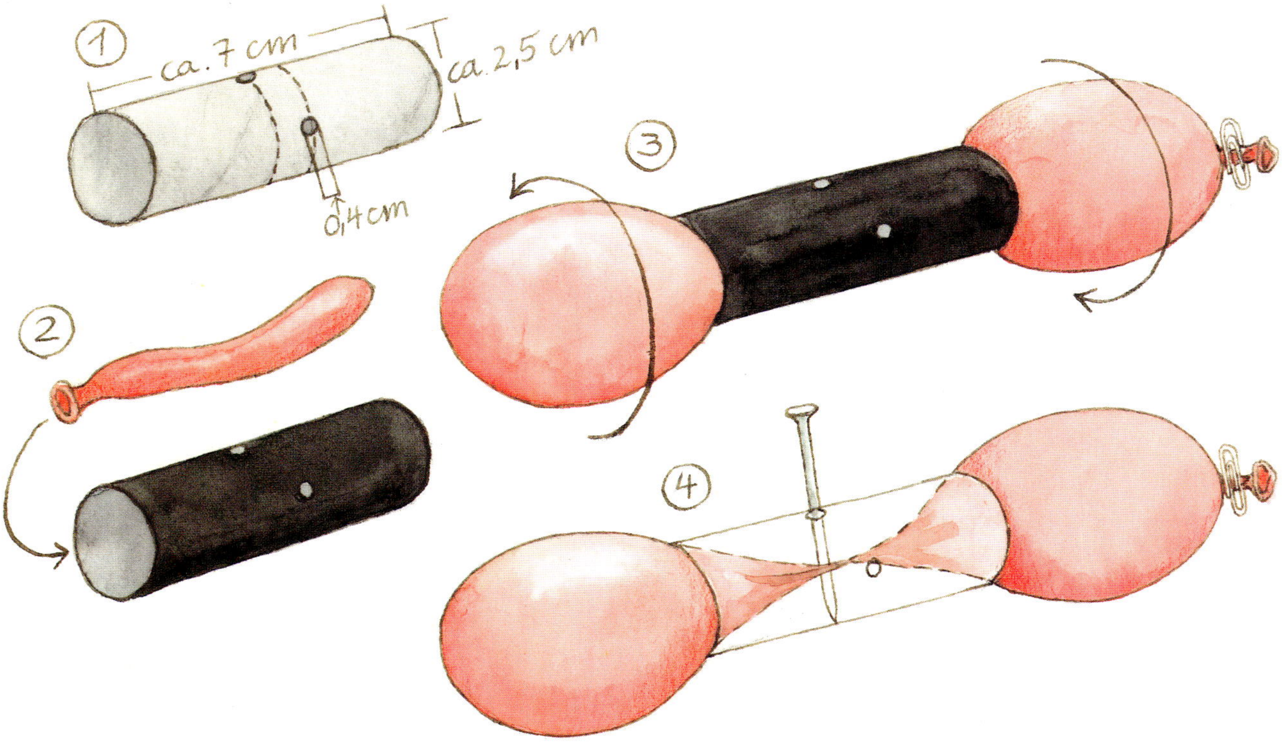

Trick:
Die Unverletzlichkeit des Ballons entsteht auf ganz natürliche Weise. Sobald die Ballonblasen nach dem Einführen in das Rohr groß genug sind, wird das Mundstück mit einer Büroklammer abgeklemmt (3).
Dann mußt du beide Ballonteile etwa 120 Grad gegeneinander verdrehen, wie es die Abbildung darstellt. Im Inneren des Rohres wird durch das Verdrehen der Ballon in der Mitte eingeschnürt.
Nun schiebst du die beiden Nägel oder Stifte durch das Rohr.
Durch die verdrehte Einschnürung gibt der Ballon so viel Platz frei, daß ihn die eingeführten Nägel nicht beschädigen.
Entferne die beiden Stifte wieder und drehe die beiden Ballonteile zurück.
Du kannst den noch aufgeblasenen Ballon mit dem Rohr untersuchen lassen.

Großer Eierzauber

Das Kunststück:
Ein Zylinderhut wird leer vorgezeigt. In einer Hand hältst du ein schwarzes zusammengeballtes Tuch. Du entfaltest das Tuch und zeigst es sowohl von der Vorder- als auch von der Rückseite. Dann bedeckst du mit diesem Tuch die Hutöffnung und bildest durch Zusammenlegen des Tuches eine Tasche. Jetzt läßt du das Ei in den Zylinderhut fallen. Dies wiederholst du mehrere Male. Anstelle der erwarteten Eier verteilst du dann Kekse oder Bonbons. Die Eier sind verschwunden.

Du brauchst:
schwarzes Tuch (30x30 cm)
ein Plastikei
Perlon- oder Zwirnfaden
Zylinderhut oder
runde Keksschachtel
Pappe, schwarze Farbe
Klebeband

Vorbereitung:
An ein Stofftuch mußt du einen Faden nähen, an dessen Ende ein Ei befestigt ist.
Aus schwarzem Karton fertigst du einen Klappeinsatz in den Zylinderhut, wie in den Abbildungen dargestellt.
Wenn du keinen Zylinderhut beschaffen kannst, nimmst du eine runde Schachtel mit etwa 10–15 Zentimeter Durchmesser und einer Höhe von etwa 15 Zentimetern und paßt den Klappeinsatz entsprechend ein. Unter die Klappe kommen so viele Kekse und Bonbons, wie eben Platz haben.

Trick:
Zeige den Zylinderhut leer vor (1). Fasse das Tuch an den beiden Tuchzipfeln, die dem Faden gegenüberliegen, und zeige es unter Drehen leer vor. Das Ei hängt dabei verdeckt im Zylinderhut (2). Nachdem der Hut zugedeckt wurde (3), wird das Tuch an der Stelle gehoben, an der der Faden angenäht ist (4), und über dem Hut zusammengelegt (5). So entsteht eine Tasche, aus welcher du das Ei herauskullern lassen kannst (6).

Wenn du die Klappe im Zylinderhut umlegst, kannst du die Süßigkeiten hervorholen.

Noch ein Tip:
Mit zwei Hüten und entsprechenden Einsätzen kannst du noch viele schöne Kunststücke ausführen. So kannst du zum Beispiel Gegenstände scheinbar hin und zurück zaubern.

Gefesselt und doch frei

Du brauchst:

Jacke oder Mantel mit Knopflöchern

10 m langes Band oder nicht zu dünne Schnur

Das Kunststück:
Ganz besonders spannend und rätselhaft sind Entfesselungstricks. Für die Ausführung dieses Kunststückes mußt du eine Jacke oder einen leichten Mantel anziehen. Eine Schnur oder ein Band wird doppelt zusammengelegt. Das Ende, welches die Schlaufe bildet, wird durch ein Knopfloch der Jacke oder des Mantels geführt. Durch diese Schlaufe werden die beiden losen Enden durchgezogen und einem Zuschauer mit der Bitte in die Hand gegeben, die Enden festzuhalten.
Du gehst aus dem Zimmer und kannst dich hinter der Tür in kürzester Zeit von der Fessel befreien.

Vorbereitung:
Lege Jacke und Schnur bereit. Außerdem mußt du darauf achten, daß die Tür, hinter die du trittst, kein Glasfenster hat, damit deine Zuschauer nicht hinter das Geheimnis kommen.

Trick:
Die Entfesselung ist ganz einfach: Du ziehst die Schlinge mit beiden Händen so weit auseinander, daß du hindurchsteigen kannst. Dadurch wird der Knoten gelöst, und die Überraschung ist groß, wenn die Befreiung so schnell erfolgt.
Die Abbildungen 1–3 zeigen ganz genau den Ablauf dieses Tricks.

1

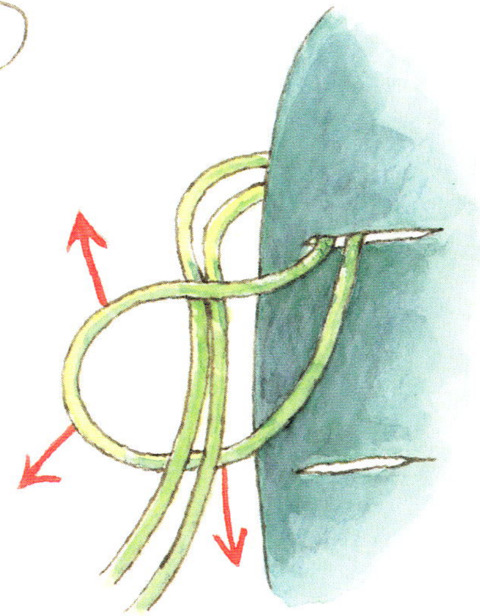

2

3

Die Knalltüte

Du brauchst:
2 Papiertüten (Beutel)
Seidentücher
etwas Konfetti
Klebstoff
Schere

Das Kunststück:
Eine Papiertüte wird vorgezeigt. Sie ist leer. Du gibst ein Seidentuch in die Tüte und bläst sie prall auf. Dann bringst du die Tüte zum Zerplatzen. Eine Konfettiwolke wirbelt auf, und das Tuch ist verschwunden. Du kannst es an anderer Stelle wieder erscheinen lassen.

Vorbereitung:
Zuerst besorgst du dir aus einem Lebensmittelgeschäft oder einer Bäckerei Papiertüten in Beutelform. An einer davon mußt du vom oberen Rand ein Stück von etwa 3–4 cm abschneiden. In den unteren geschlossenen Teil der Tüte werden mit einem Bürolocher etwa 10 Löcher gestanzt (1). Diese so vorbereitete Tüte schiebst du in eine unpräparierte Tüte. Zuvor mußt du jedoch in den entstandenen Zwischenraum etwas Konfetti einfüllen (2). Der obere Rand wird zusammengeklebt (3).

Trick:
Nachdem du die Tüte leer vorgezeigt hast, steckst du ein Seidentuch hinein. Blase die Tüte auf, bis sie prall gefüllt ist, und schlage mit der freien Hand dagegen, damit sie zerplatzt. Durch die Löcher in der inneren Tüte hat sich beim Aufblasen auch ein Luftpolster im Zwischenraum gebildet. Da sich die Luft im inneren Teil der Tüte pressen kann, zerplatzt nur die äußere Hülle. So kommt es zu einem wirkungsvollen Konfetti-Regen. Das Tuch ist scheinbar verschwunden. Knülle die Tüte zusammen und lege sie ab.
Es gibt noch weitere Trickmöglichkeiten. Lege ein gelbes Tuch zwischen die Tüten. Ein rotes Tuch kommt in die Tüte. Aufblasen und zum Zerplatzen bringen. Das rote Tuch erscheint nun als gelbes.

Tuchverknotung: Lege in den Zwischenraum der Tüten drei miteinander verknotete Tücher in verschiedenen Farben. Drei gleiche Tücher werden einzeln in die Tüte gesteckt. Wiederum wird die Tüte aufgeblasen, wobei die losen Tücher im Innern der Hülle verbleiben und aus dem aufgeplatzten Teil die zusammengeknoteten Tücher erscheinen.
Verwende nur dünne Seidentücher, die nicht größer als 20 x 20 cm sein sollten.

Tucherscheinung: Zeige die Tüte leer vor. Falte sie zusammen und zerreiße sie. Dabei erscheint das vorher in den Zwischenraum eingelegte Tuch.

Aus der Geschichte der Magie

Die Magie, so nannte man die Zauberei früher, spielte bei den Menschen immer eine große Rolle. Die Furcht, die die Menschen früher vor den Naturgewalten und dem Unbekannten hatten, förderte eine Gläubigkeit, die einzelne Menschen (Magier) zu ihrem eigenen Vorteil ausnutzten. Diese früheren Magier waren die Wissenschaftler ihrer Zeit. Indem sie mit direkten Täuschungen arbeiteten, schufen sie sich einen Ruf als „Wundermacher".

Im Laufe der Jahrhunderte wurden aus den Magiern Zauberer, Gaukler oder Taschenspieler, die durch die Lande reisten und sich auf Jahrmärkten als Schausteller betätigten. Aus jener Zeit kann man viel Interessantes oder Kurioses aus der Geschichte der Zauberkunst erfahren.

Schon über die Gaukler des Mittelalters gibt es ausführliche Berichte. Sie lebten mitunter gefährlich, weil mancher als Hexenkünstler bezeichnet und auf dem Scheiterhaufen verbrannt wurde. Bis zum 17. Jahrhundert etwa bestanden die Darbietungen der Zauberer aus artistischen Vorführungen wie Feuerfressen, Degenschlucken, Taschenspielereien und Wahrsagen. Erst seit Mitte des 17. Jahrhunderts finden wir Hinweise auf gute Schausteller der Zauberkunst. Aus der großen Zahl der Zauberer früherer Zeiten sollst du hier etwas erfahren.

Von Josef Fröhlich, dem Taschenspieler am Hofe Augusts des Starken, ist folgende Anekdote überliefert: Fröhlich suchte auf dem Markt bei einer Fischerin Krebse aus, um sie an Ort und Stelle lebend zu verzehren. Nach beendeter Mahlzeit wollte Fröhlich seines Weges ziehen, aber die Fischerin verlangte laut und ungeduldig die Bezahlung der verzehrten Krebse. Fröhlich, den das aufgeregte Verhalten der Fischerin amüsierte, griff in seine Hosentasche und zog daraus die lebenden Krebse hervor.

In der Folge haben namhafte Zauberkünstler ähnliche Trickkombinationen vorgeführt, sie waren jedoch immer an eine Theaterbühne gebunden. Jahrhundertelang glaubte man, daß indische Fakire und Magier schweben könnten. Heute, in unserer aufgeklärten Welt, wissen wir natürlich, daß hierbei eine raffinierte Tricktechnik eingesetzt war.
Illusionisten unserer Tage führen, von den Zuschauern immer wieder gern gesehen und bewundert, große Schwebeeffekte aus. Mitten auf der hellerleuchteten Bühne im freien Raum läßt der Zauberkünstler seine Assistentin hoch über sich schweben. Zum Beweis, daß die schwebende Person an keinen Seilen hängt oder an einem Gestell Abstützung findet, wird meistens ein geschlossener Ring über die schwebende Person geführt.

Wohl einer der berühmtesten Zaubertricks ist das sogenannte Indische Seilwunder. Es wird berichtet, ein indischer Fakir habe auf freiem Platz ein Seil in die Luft geworfen. Dieses Seil sei dann erstarrt, und ein kleiner indischer Knabe sei an diesem hinaufgeklettert und spurlos verschwunden. Ähnliche Trickbeschreibungen gingen um die ganze Welt. Nachforschungen haben jedoch ergeben, daß der Trick in der beschriebenen Form in Indien nie vorgeführt wurde. Es handelt sich um die phantasievolle Beschreibung eines englischen Weltreisenden, der sich auf diese Weise interessant machen wollte.

Und noch mehr Ravensburger Zauberspaß...

Martin Michalski
Zaubern
Spiel der Illusionen
Ein umfassendes Zauberlehrbuch für Hobbyzauberer und professionelle Zauberkünstler.
287 Seiten.
ISBN 3-473-**42565**-6

Martin Michalski/
Ilse Keiler
Zauberbuch für Kinder
141 Seiten.
ISBN 3-473-**38941**-2

Martin Michalski/Christl Burggraf
Hokuspokus-Zauberspaß
Ein schwebender Flaschenkobold, klappernde Geisterschachteln, ein magisches Fernrohr... und viele Zaubertricks mehr.
ISBN 3-473-**37569**-1

Klaus Bliesener
Zauberhafte Zaubertricks
Leicht zu basteln und einzuüben: 13 tolle Tricks für eine zauberhafte Vorstellung!
ISBN 3-473-**37388**-5

Martin Michalski
Meine tolle Zaubershow
110 Seiten.
ISBN 3-473-**51809**-3